Ifigenija Zagoričnik Simonović
ANATOMSKA ODBRANA

Izvornici

Ifigenija Zagoričnik Simonović
Kaj je kdo rekel in cesa kdo ni, Založba Borec, Ljubljana, 1984
Dračje in koenine, Založba Mladinska knjiga, Ljubljana, 1995
Pesme objavljene u časopisu *Nova revija*, Ljubljana

ne

kineski sebi zid
onaj, što sebi krade
na hiljade sebi zatvori vrata
životariš svoj privid

                oklevaš
          krize preboljevaš
          večito zdrava
          ne živiš sama
          ujede
          truješ
          ni strah
          po njima ne plazi se
          u kostima oklevaš
          zdrava vrata u zid
          zaključavaš
          iz jedne u sledeću večnost

sebi tat
svoj kineski zid
navrni sebi na vrat prereži
nit

sunce prividno sija

podaviću
    cvrkutave ptice
    i vratove im i krila im
    daću im cvrkutati
    đavolima

    đavoli su ptice teških vremena

podivljaću
    od pete do glave
    drugi će napev naricati
    srce od zabranjenih reči
    odagnati u bubnjeve
    bubnjajuće lupetanje
    u udaranje
    lupanje
    meni će pevati
    strašne pesme

istranžiraću sebi
    rebra
    neka šiklja van prljavština
    rđa strašni čas odnosa
    sve odlazi
    stari prevaziđeni napev
    batina će pevati

    propali međusobni odnosi
    završetak nanošenja bola
    završetak smrdljivih radosti
    završetak udaraca završetak batinjanja
završetak skitanja završetak vucaranja
    strepnji završetak sa krajem od sreće
    od straha završetak odnosa

uzajamnosti
međuljudskih
životinjskih neljudskosti

izdaću
podivljati poklati podaviti
raskupusiti rastranžirati
raskositi rasturiti napepeliti
u smrt povinuti poviti
dete

zajednice koje rasteruje

u samu samoću gledam
kad se uokolo razdajem

oj ti bubnjevi ratnički

rečenica

tražiti ime za nepoznato
sedeti za stolom
    suzdržati od svake priče
      kojom su sapete svekolike misli
uveravati se u uništenje
utvrđivati uzrok stvarnosti
buljiti u prazno
    od nje tražiti reč
    ime za nepoznato
čekati na nešto izuzetno
obmanjivati se nadom
    da se nešto valjda mora dogoditi
misliti na beskorisne stvari
    koje nisu ni malo jasne
tražiti njihovo značenje
    kojih ni u enciklopedijama nema
slegati ramenima
    kada teret na njih padne
meriti merom nesavladanom
čapkati po prošlosti
    šta je u njoj zašto
drznuti u žeravicu
    da sagori
    nagnuti nad bezdan
    u njemu tražiti nepoznato
    što nema značenja
tužiti za izgubljenim časom
    koji se ne vraća
    u smrt
pripremiti se za svaki muk
    koji je sumnjiv od prepunosti
    kada pabirčim kamenje
    samo vonj trule trave prekida
    i sloj praha na dnu reke
utvrditi u koje mesto vozi voz
    koji me vuče za sobom
izjasniti se o ničemu

zdravlje kineskog cara

bolesti dođu same od sebe. baš i nije da tako odlaze.
ali ciganin stane baš između vrata. niti ulazi niti izlazi.
za to vreme gospodar traži svog izgubljenog foksteri-
jerčića
preko svih visokotiražnih novina. baš i nije da mu ne
treba.
šta se to
mene tiče. šta se i da li se išta mene tiče. svest dok se
poslužujem
čajem, dok se tretiram kafom sa šlagom. popis je neka-
da bio po
želji. Baš i nije da se radi o sambogznačemu.

crvova sobica

neki crv
s nekim imenom
sebi je u jabuci uredio sobicu
u njoj mu je toplo
i lepo slatko

kada već priđem
zagrizem u jabuku
i okusim neku gorčinu
nešto što treba
ispljunuti

pazite! pazite!

između četvrte i pretposlednje reči izostala je rečenica,
da ja mislim, da se lako iz jalove zemlje iskopa
jedan lep sadržaj. Upravo taj stav morao je izostati!

bludnja

popila sam previše kafe
sad mislim da sam pokrivena
sa znamenitim pismom
koga je levstik pisao juričiću
ipak i to samo usput

geografske i druge pesme

VII

sva ostrva izgledaju mi pusta
jer nisam bila ni na jednom od njih

IX

koliko godina žive golubovi
koliko slobode uživaju
na svet(l)om glavnom trgu
što se šepure
međ otpacima
i svojom hranom

CCC

nije dovoljno
da su ti deca poubijana
živiš
i živiš

kad je papir beo

kada sam bez osećaja
vremena fizičkih stanja
zasađujem papir
       da reči odskakuju
       poput buva da ih se branim
       da im privatnost obsecam
       svlačim poput eve delove im
       iza smokve pokrivam da poput
       zmija siktavim jezikom u misao
       ubrizgam požudu za žudnjom
       da se u mislima od ćutanja odbranim

       da rečju na sve četiri
       da rečju na sve četiri od sebe

sebi prigovaram
nepismenost
vlastitom krivicom

       ne znam ne verujem
       da olako ne mogu
       misliti ni kako ni zašto
       ja ko sam ja da moram ja

       ne marim za žulj na koži
       jer me se cipela ne tiče

       a zašto cipelu obuvam kad znam
       da me uvek nažulja

nedostaje mi nedostaje mi nedostaje mi

svako toliko vremena zaigra mi
soba zavrti se zavese preturaju
tepih uvije se pero skotrlja
sa stola plakat odmakne se od zida
za santimetar tačno vidim
usporeno kretanje
       narukvice na polici zapletu se
       između sobe u hladnu kružnu figuru
       bez zapešća
mastilo isparava svetlo treperi svako toliko
vremana zaigra mi crni obruč
pred očima probada me oštrinom
naoštrene strelice
       reskom tekućinu da me testeri
       osećam puzeći po hrapavim
       potkožnim tunelima
       zapinje o mehuriće svesti
       i raznosi me srce

osećam ga po telu u petama
kao na završetcima kose kao u
najobrezanijim korenima jezika

svaki put udara o kamen
svaki put sasvim me protrese

kidaj svitu

kada se verni staleži okupe u dvorani
okruženi vernom svitom
      iza zavesa nema prozora
      nema baršunastih noćnih leptira
      ruke u pesku klonu
pristupi moje njihovo njegovo veličanstvo
      iza zavesa nema prozora
      nema baršunastih noćnih leptira
          brbljiva brbljiva usta
sedne na prestol
okružen vernom svitom
      iza zavesa nema prozora
      nema baršunastih noćnih leptira
          kao što je uobičajeno
ljubi verne vlasi
padaju mu na ramena u lice s odanom svitom
      iza zavesa

      o leptirima
      dan danas
voli nju
voli i svitu
      u pozadini
      baršun
          jadan
prehladi se
daj ružama svitu
      krije se u kosi
rekao je
      govorio je

podaci podaci

kada bi sva deca
koja dnevno umiru
od batinjanja
    i ujeda
slučajno živela u našoj ulici
    bila bih ja
    mati koja tuče
    moj muškarac bi bio
    otac koji ujeda

samo nas dvoje zajedno
morali bismo uništiti tri
u jednom danu i pola
da bi udovoljili podacima

po mom

kupam ga u medu

kada želim ležati
hvalim ga
    sladak si sladak si

kada želim lizati
kupam ga
    meden si meden si meden si

sva se ugreznem u mednu penu
    ne lažem ne lažem
    sebi i sebe izmišljam

nakon ljubavi

ti sam pored mene
ja pored tebe sama
pauk iz očiju mili
glava razobličena
noć u njoj
mlade
leže

zid si

ako te bezglavo salećem
ili u tebe glavom udaram
ne pomakneš se

ako se ceo svet sruši
ne pomakneš se

zatvoren si u sebe
pred očima mi
u kamen propadaš

nešto sam uzela

da mi uništi
    te snove
    što se ponavljaju
        kotrljaju mi se po prohodnim
        tunelima svoj kraj hvataju
        sidro se usput razređuje
        krv zgusne i izjalovi
        meso matericu zatvori

uništila sam i druge
    i druge
uništila mnoge
    mnogo drugih
i uništavala naveliko

nešto sam uzela

Shiela Grog

Crnac u beloj pidžamastoj odeći. Ide
polako. Prati ženu u raskošnom batik uzorku.
Vrti belinom svojih očiju, kao da poslednji put vidi to
što gleda.

Mladalački blond stas zanosi. Opipava svoj napeti trbuh
kao vruć hleb.

Invalidska kolica zarđalo stara. Oštećena.
Obeležena. Sa posivelim naslonima skaj.

Preplanuli muškarac u žutim sportskim gaćicama.
Dlakavost
nogu vodi u mlitavo zbrčkano međunožje. Zidarski
zapackane gležnjerice, iznošene do postave. ^ita
na nemačkom.

Shielo Grog prozivaju treći put. Suvonjava žena izdiše
JA. Polako počinje ustajati. Kost za koskom otkida
sa stolice. Vrata u ordinaciji otvorena, da pripremaju
preparate.Shiela Grog se privlači do vrata. Sestra
je podupire, kad zatvara.

Muškarac u žutim sportskim gaćicama ustane. Ide hodnikom.
Brutalno kašlje.

U invalidskim vozačkim kolicima starica naslanja glavu
na ispruženi kažiprst. Prstni članci, kao bokovi.
Njen starac diše kroz usta, hropće.

Sa kompresorima riljaju po podu. Nagnuta cev štrči
preko recepcije. Gomile pošašavljenih mišića obilate
znojem.

Sestra sa prijavnice okreće međ prstima malu bisernu ogrlicu.
Dovlači je pod bradu. Nestane međ kartotekom.

Shiele Grog još nema

Muškarac u žutim sportskim gaćicama zuri u strop. Ruke preko
nemačkog časopisa. Kolena opušteno razmaknuta. S vidljivim
bolom šmrkće. Sat mu pokazuje dvadeset do tri.

Ventilator. Kompresor na tren položen.

Trese mu se u grlu. Kameno stiska čeljusti.
Više od polovine stolica napuštenih. Starica gricka donju usnu.

Shiele Grog nema.

ljubavna pesma

poput putera
        na hlebu
        što ga uživam
        što mu služim
        što ga bacam
        što mu se nadam
                obožavam ga

svakim ugrizom
        sve sam zagriženija
        sve sam prejedenija
        sve više sa tobom
                na istoj skeli
sve više i više i tebi i meni
        na istoj skeli
        oslonci izmiču
nas sve više i više
        na istoj skeli
        isti đavo odnosi

atomska odbrana

rveš se sa merom
sa razlikom u nevidljivu ivicu
glavom u kamen udaraš
kamenom u različitost glava

sa sobom nemirne rojeve
more uspomene noćne gore
uspomene iz ponora mera
bez ivica i slepo po ravninama
boriš se
ostatke za sobom rađaš
vučeš nemirne rojeve
iz ponora ivica ostataka
odmeravaš iza sebe
rađaš bez mira
dece

dan bez imena

svi ćemo u trenu znati sve

kad se zvižduk zarije u uho
i iz drugog se uha ne vrati
tako će u trenu biti sa svim
        prah će biti rumen gde su sada nastrešnice
        prah će biti beo gde su sada putevi

        umesto nas ni praha neće biti

u pristojnoj razdaljini zadržava se tamni oblak

svako, ko bi na bilo koji način pokušao
ugroziti našu zemlju, polomiće zube.

(zar nije čudno, da i više ljudi nemaju vrtoglavice.)

pripada skrivenom omladinskom klubu

na ovdašnjem putu se asfalt drobi u travi
na ovdašnjem putu se asfalt drobi u travi
na njoj se on drobi u njoj

starost sveta

faraon je kamen u piramidi fosil
      zlatnog hrušta sfinga ledno
    vlada
turčin iz niških smrti s kolca zeva
    uz drinu se ne istekne
pesnik slavu u stihovima
      žanje u teška vremena
      tanko svira u druga
      vremena sa vetrom
      klikće

      ja ne znam
      ne znam gde

      gde okolo kad dete
      bez mira rađam
      što mu u miru dajem u krugu
      kamo da ga uljuljkam bez nogu
      bez ruku šta da mu dam
      kad divlje ne znam kada

      oblake pitam
gde ste svi
otišli

ležeća pokrajina zahuktali voz sedeće osobe

Polja požnjevena. Prazna strništa sama.
Stabla sama. Grmovi uz ivičnjake.
Crtkaste senke topola u nizovima.
Žice seku nebo od stuba do stuba.

Krave se izležavaju. Noge podvijene ispod trbuha.
Mekane vunene ovčije grudi.

Purpurni kombajn poput bulki na praznosmeđem tepihu.
Sanduci razbacani čekaju u prazno.
Ognjište na obrubu posivelo. Dimi se gustobelo.

Stabla sama. Grmovi uz ivičnjake. Krave izvijeno
izležavaju se. Žice od suba do stuba seku nebo od stuba
do
stuba. Divlja se patka prhne iza železničkog prokopa.
Voz u suprotnom smeru zahukti.

Ležeća pokrajina poput hlebova narasta u jutru.

Stanica. Parkirališta zaposednuta bojama automobila.
Pozadi prazni obori nedeljnog životinjskog trga.
Topole. Crtkaste senke u nizovima.

Skrivena posedstva svetle se iza živih ograda.
Nigde ni žive duše.
Vrana preleće autoput. Malene vunene ovčije grudi
stišću se ka velikima poput naduvenih šampinjona.

Cevasti bungalovi svinjskih farmi. Prasići se sunčaju
u jutarnjem blatu. Dva leže u obliku ružičastog srca.

Polja s kvadratastim stogovima slame. Uljana repica

prezreložuta. Crkva s tupim tornjem bez časovnika.

Lamasto vitke ovce s crnim grivama. Modar traktor.
Podubrene livade ugljenomrke. Žice dalekovoda
razapete gotovo do tla. Cevaste kolibe svinjske farme
u nizovima. Jata divljih pataka brčka se u rezervoaru.
Ciganske prikolice sa cvetnim zavesama u kofama.
Levi muškarac ima košulju mokru ispod pazuha
S laktovima naslonjen na otvorene novine.

Valjkasti stogovi sena. U nizovima.
Beli traktor. Priključak žut. Žive duše
ni jedne na livadi. Okolo ciganskih prikolica pilići
slepo kljuckaju zrnevlja.

Muškarac ima u kravati zarivenu pribadaču sa velikom
staklastom glavom. Oblaci. Zahuktali voz juri ravno
u sve mračniji sever. Jedno stablo. Polje sa ugljenisanim
brazdama. U nizovima. Rumeni traktor sa belom plat-
nenom
nastrešnicom.

Žena sa detetom hvata ravnotežu između sedišta.
Dete drži dronjavu nakazu međ zubima.

Ljubiteljski vrtići. Zaparloženi iza kuća vrtovi.
U flekama. Vres razliven za prugom. Kostur plinskog
štednjaka štrči. Seno složeno u dva kvadratasta
ucmoljena stoga. Crnocrni oblaci. Rašlje stabala
i korenja. Gomila ciganskih straćara. Avion nisko
preleti voz. Nekoliko stabala dobija jesensku žuticu.

Ponela sam ledenohladnu vodu iz
Pirineja. Oblaci su i dalje crni. Steže me okolo srca,
ravnomerno.

Žuti krstovi sa drečavonarandžastim trakama.

Sasvim lako mogu pokušati i druge varijante. Muškarac
reče
ženi sa detetom s dronjavom nakazom u zubima. Sav
znojav. Košulja ima pod pazuhom slane žućkaste
kolobare. Muškarac je u pravu. Steže me okolo srca.

Nekoliko višespratnica. Steže me ujednačeno. ne naginji
se
kroz prozor u tri jezika. Svetlo se naginje nad put
kao majka nad kolevkom.

Stanica. Pruge razgranate u garaže.

Tri višespratnice višlje od gotske crkve. Severnjačko
mesto prerezano rekom. Parkiralište u spratovima.
Pruga se useca u živu stenu. Žive duše nigde. Most
preko rasprostranjenog drvnoindustrijskog područja.
Brda
pilotine. Žive duše nijedne. Obronci povezani
u snopove piramidskih skulptura. Groblje između
drvoreda pokazuje
krstove.

Vetar ugiba topole i sve u istom pravcu. Žice razapete
skoro do zemlje. Zibaju se na vetru poput mrežaste
ležaljke.

Muškarac govori o crnoj ekonomiji. Dete brblja
u intervalima. Glasovi se slivaju uz brujanje lokomotive
i trenja vazduha. Jugoistok je zaštićen. Besposlica šumi
po bogataškim gazdinstvima. Jata se vinu ponad mosta.
Govori o poslednja dva tri meseca. Suncokreti
spušteni od neobrtanja. Resast obronak. Borov
nasad. Severozapad pasji. Besposlenost se zavlači.
Borovi stešnjeni. Ispresovani u hektarski prinos. Dva
aviona
nisko. Seljak pali vatru na uglu. Elegantan Ford
parkiran na putu.

Zapad je dalje od istoka. Muškarac objašnjava crnu
ekonomiju. Jedanput dvaput nedeljno. radi. Crnči.
Crna životinja. Steže me okolo srca. Dete sa dronjavom
nakazom u ustima zuri.

Na kućama imaju antene kao marsovske štipalice.

Narandžasta dizalica. Yorkška katedrala skrivena. British
sugar cooperation. Crna ekonomija. Dete spusti
dronjavu nakazu iz zuba i brblja ujednačeno. Steže me.
Glasovi nerazgovetno razliveni sa brujanjem lokomotive.

Oblaci raskomadani. Mesto Darlington. Pruga urezana
u živ peščani kamen. Vidik odsečen. Otkriva se
naselje. Kuće od rđavosmeđe cigle poput
crnog hleba

Newcastel. Mreža železničkih mostova preko Taino.
Iz riđih blokova vire tornjevi crkava kao
zarđale rakete. Nasuprot šmugne žuti voz. Opet
ravnina. Opet krave. Ovce se izležavaju u raskoši svoje
vune.

Vojna baza. Vrteći radari. More. Ostrva u daljini.
Tvrđava na kraju rta. Sama nemirna ravnica. More
i nebo. Ujednačene boje. More glatko. Nebo naduvano
vazdušnim jastucima.

Hladne plaže. Žive duše nijedne. Nekoliko majušnih
ribarskih barki prožima monotoniju.

Moj problem je u relaciji
prema bližnjima. Ako me vole,
mrzim ih. Ne uviđaju,
kakvog sam raspoloženja. Večito
utučena. Sposobna dovesti ljude
u nepriliku. Razbojiti ih.
Sposoba rascmizdriti dete
jednim bezazlenim ništanamernim
pogledom.

pod istim krovom

ostaje
svako na svojoj strani

svako na drugoj postelji spava
svako drugim ruhom obavit
svako na drugoj strani stola
preživljava se svako po svom

svako na drugoj strani puta
susreće se svako u drugoj četvrtini
života svako u drugom mestu
svako u drugoj državi
svako na drugoj plovidbi
svako na drugom svetu
susreće se

svako u svoj svet zagledan
pod istim krovom ostaje
stešnjen
drug drugom nešto drugo
drug drugom svaki trenutak
drugačiji

drugačije kao sve drugo
što drugi drugome ostaje
drugačiji kao što smo prema drugima
ja prema tebi i ti prema meni
budimo drugačiji nego što smo prema drugima

postupno rasterećenje

u predsoblju je vratilo
na njega rekao je nemci su vešali oružje
zato na njega ne želi i ne želi vežbati
da poraste
kao svi ostali

trubim mu u uši
ali ponovo ogluvi

majstorica
tačno onoga šta kaže
i reč stvori čin
bez očiju
očima
bez reči
rečima
bez misli
mislima
okrene se
zgasne

ali zažari ponovo

natičem mu oči
ali ponovo oslepi

na dnu stana spava
u svoju sobu uvek isto ulazi
upali svetlo u prvoj sobi
upali svetlo u drugoj sobi
ugasi svetlo u prvoj sobi
upali svetlo u trećoj sobi
ugasi svetlo u drugoj sobi
upali svetlo u svojoj sobi

ugasi svetlo u trećoj sobi

ugasi svetlo u svojoj sobi

kad je već u postelji skriven
(na vrpci ima prekidač)
odlučuje o kestenjastoj
odlučuje o bademastoj
a kosa se naginje vetru
kad je već i život rasterećen
i dozivam ga

ali se ne javlja

knjiga

gue de maupassant
dva brata

ovde ja imam
dva brata

hiljadu devetstosada

krvariš pri kraju
kraja se plašiš
da krvariš i vidim
u očima ti vulkan koji se
priprema
(i ne preterujem
niti je strah preteran)
ali ne znam da li te je
       strah za sebe ili
       strah te je za mene i strah
za tebe i za tebe i za njih
i strah za druge
i za one strah
koje i ne znamo
(i ne preterujem
niti je strah preteran)
koji će stići
ako ih budemo čekali
i ne preterujem
niti je strah preteran
ako se prepustimo
čekanju
ali ne znam da li smo
strpljivi dovoljno
i ne preterujem)
besno te stežem
i šaram ti po bradi
(ali ne znam
da li da pričekam do kraja)

dobar dan srećo ne znam ni sama

srećna sam
da li da se ubijem

    srećan mi se prijatelj sklanja
    u tesnacu mi se smrt priklanja

srećna sam
da li da se ubijem

    srećna sam pevati ne mogu
    ko će me čitati
    srećne će mi pesme
    svaki kritičar spaliti

da li da se ubijem

    zašto baš ja
    zašto baš sada

jedva čekam
    da đavo stupi na prag
    tako sam jako srećna

svečanost uz sećanje na bitku

posmatrači misle da je uzrok zamršen položaj.
tridesetšest kvadratnih metara menjam u centru za
tristotine isto takvih na levom bregu.
nedavno pak sretnem muškarca sa ordenom za
izvanredne zasluge.upitam načelnika šta namerava
učiniti sa stanarima i sa napravama
za čišćenje. možda. možda. rekao je, možda. nije nam-
eravao
umešati se. još nepoznati počinilac sve je podmetnuo
drugome
i još uvek nepoznatom počiniocu.
i danas im pogled izmiče.
hoće moga sina. streljati.
cerekati mu se u lice.
izaći na svež vazduh.
zadisati zemlju.

poj zarobljene ptice

na gori si
gde god pogledaš
gore

dole si
dokle god dosežeš
tamo si

u rumen mira zaobljen
bio bi
u sipkoj zemlji zgrušen
bez nade si

izdržim svašta

ali kada pogledam
ali kada načujem
ali kada napipnem
ali kada namirišem
ali kada probam

pri rođenju

naježim se
čeljusti mi se napnu
kandže mi iz očiju porastu

      klatim se po svetu
      kroz gorski makadam
kroz london zlatom popločan

i ne raznese me
i ne raznese me

ništa mi do života
ne stigne
ne pomiluje me

ptici dete u kavezu u kavez

detetu lako počupaš kosu oči iskljuješ
naduvaš ga siluješ vaspitaš
lako ga možeš sprečiti
lako držati za gležnjeve dva metra ponad zemlje
lako tresnuti o zemlju
sa dvadesetog sprata spustiti
za pete možeš ga držati da visi
na balkonu može i u vozu kroz prozor
možeš mu glavu u gnoj gurnuti
lako ga odeneš po svom ukusu
možeš ga voleti
udaviti zagrljajem
možeš ga zadaviti otrovati poljupcima
možeš ga ne shvatiti ozbiljno
možeg ga ostaviti na cedilu
da čeka da se nada
ostaviš ga na vrelom suncu
žudeti

detetu možeš zabraniti dokazati naručiti
narediš mu obećaš daj daj ne dam
možeš ga spustiti niz ljubljanicu

detetu možeš sve objasniti

muvi otkineš krila
kokoški glavu odrežeš
mački mačiće podaviš

ponekad mislim

morala bih napokon *započeti*
(to mislim posve iskreno više od
pametnog – suzdržava se)
i mislim sasvim posebno ispovedno
(više od pametnog – sebe zastupajući
svesno se pretvara)
izražavajući muku mučnih vremena
(poput krila s korenjem poput pera
za perom ipak odlazi – za perjanice
za ljubavnice za zajedničke festivale
za gozbe i karnevale za prežderavanje
za požrtvovane samodoprinose)
    i požkdere se – i *misli* slobodno
    (sam se izdržava sam ispovedi se
    samom sebi naredi svoje želje
    isunjava sam sebi život i svoj napuni
    i okonča i dokrajči kako hoće)
morala bih već jednom *početi*
nešto sadržajno – što menja
što preokreće – odbaciti – već nešto značajno
iz sebe odbaciti – na prazno
    na nešto još nezapočeto
    u čistinu nezapočetog stiha

drač i korenje

slušati moraš
kako zaškripe dveri
kako zalupetaju
kako se zapahnu
za smiraj

kako trava raste nije ništa
kako se vlati mrse nije ništa

pustiti moraš
da zaškripe dveri
da zalupetaju moćno
da se zapahnu
za smiraj

sanjam

kako sanjam da sanjam o tebi
kako sanjam da sanjamo zajedno
kako oba sanjanja da sve zajedno

glasovi na putu zamiru
ruke su stegnute prekratke

samo sanjam da sanjam o tebi
samo sanjam da sanjamo zajedno
samo sanjamo oboje da je sve zajedno

ne moram moram ići

pozove me k sebi i idem
    kroz alarm ispred
    i iza posve dvojna
    ulazna vrata pasja usta
    tamo zatvorena
    pa ni psa nema
pozove me potom međ rublje i idem
    noćna omorica zaklonjena
    vrata svih soba zatvorena
    pod ključem kafa sklonjena
pozove me pa ne moram ali ipak idem
    mota me šum videoaparata
    mota me prhut večeri
mota me pa upravo zbog toga idem

razlozi

zapiši besnog psa
zapiši sunce krakom sveta svetlo i blještavo
zapiši oblake što vetar raznosi s nabusitih lica nasmejan
    zapiši pticu koja gnezdi sa ribom u kljunu sadržaj za
                                                    mladost

sa komedijama se sabere svaki pol deteta
razigraner su bezbrižne svetle oči razmršene
svaki čas se lako razložno izabere
prebere
uredi
i tako dalje dok
na decu misliš dok jedeš lubenicu

zapiši splet drveća
zapiši šta vidiš
lucidne plamenike u daljini kresnice ili šta
naprežeš pogled u sat s kukavicom sa mlinčićem za kafu
zapiši svoje prednosti uputa dana i ljubi noć

o Ifigeniji i poeziji

> „Ne naginji se kroz prozor
> *u tri jezika"*
> Ifigenija Simonović

Ifigenija Zagoričnik Simonović rođena je 24. marta 1953. godine u Ljubljani. Osnovnu školu i gimnaziju završila je u Kranju. Na filozofskom fakultetu u Ljubljani diplomirala je studije komparatistike i slavistike, a u Londonu tehničku keramičku školu. Imala je više izložbi keramike u Ljubljani, Londonu, Kranju... Živi u Londonu, od 1978. godine, ili pak, između Londona i Ljubljane ...

Piše poeziju, prozu, radio-igre, pesme i priče za decu, prevodi, bavi se esejistikom, književnom i likovnom kritikom, keramikom, saradnik brojnih listova i časopisa, autor više knjiga poezije. Sa prvom knjigom oglasila se 1972.godine (*Postupna razbrenenitev*, Mladinska knjiga, Ljubljana).

„*Ako bi sva deca / koja dnevno umiru / samo od batinjanja / i ugriza / slučajno živela u našoj ulici / bila bih ja/mati koja tuče / muškarac bi bio moj / otac koji grize / samo nas dvoje zajedno / morali bismo uništiti tri / u jednom danu i pola / da bismo udovoljili podacima*", piše Ifigenija u svojoj davnonastaloj ali nažalost uvek aktuelnoj pesmi „*podaci, podaci*".

„Dopodne radim u studiju. To je garaža o kojoj sam ti pričala – naveče pak, pri ovoj mašini ... Pečem zamrznute pizze, pravim sendviče, lupam jabuke. Živimo sasvim, sasvim jednostavno ... piše u pismu od 26.decembra 1999. godine.

„*Svi ćemo u trenu znati sve / kad se zvižduk zarije u uho/i iz drugog uha ne vrati se / tako će u trenu biti sa svim / prah će biti crven gde su sada slivnici / prah će biti beo gde su sada putevi / umesto nas ni praha neće biti*" (Dan bez imena)

„*Poetska građa istkana je od uspomena: njihova funkcija upravo je onakva, kakvom ju je nabrojila pesnikinja: njihova tvar, njihovi nezemaljski, prisećajni sastojci ujedno su i gustoća i prozirnost, sloj su koji i žeže ali koji ujedno jedva što dotiče. Dvojnost nije načelo, više je funkcija koja se izriče i izvodi u drugome, u pesničkoj tvari. I upravo ta tvar, taj materijal raste u značajnom unutrašnjem vlastitom traženju. Samoispitivanju...",* piše Denis Poniž u svom tekstu o poetici Ifigenije Zagoričnik.

"...rojevi kukaca usporeni u dremljiv ples / mravi spavaju / bujica niz klisuru krišom plazi se / nežno oblizuje hridi svaku posebno / trave ne razmakne/ribe ne bace iz ravnoteže", piše Ifigenija u svom pogledu izvan okvira i ako se zaustavi ili vrati izvan okvira *"vrat slomiš"*.

Ifigenija kaže: *"Danas kada dolazim iz Londona, Beograd mi deluje kao mali grad. I u odnosu na ranije vreme čini mi se da je danas to grad tuge i bola. Vidi se to po svemu, po načinu odevanja, po načinu sedenja ljudi po kafanama, po ponašanju u gradskom prevozu..."*

*"*London je fascinantan ako vas interesuje teatar i umetnost. To nije mesto gde možete da se družite sa ljudima. Mogu da se akumuliram intelektualno, ali ne i emocionalno. Sem toga, to je skup grad*"*, priča Ifigenija i sa izvesnom setom dodaje da *"Englezi doživljavaju čitavu bivšu Jugoslaviju poslednjih deset godina kao militantnu zonu. Mi smo svi za njih neka egzotična plemena"*.

Ifigenija Simonović je svojevrstan zaljubljenik keramike za koju se, kako sama kaže, prvobitno opredelila jer za tu umetnost jezik nije presudan. Kasnije je ta ljubav prerasla u posvećenost i predanost toliko da je u Sloveniji 1999. godine osnovala prvi muzej keramike u gradu u Slovenskoj Bistrici.

Ifigenija smatra da je spoj oblika i reči neiscrpan. Već godinama piše poeziju na svoje predmete oblikovane po principu raspoloženja, zahtevnosti ili pažljivom odabiru tržišta. *"Nije lako odabrati reči sa kojima možeš svaki dan da živiš"*, kaže Ifigenija. *"Ljude privlači veličina predmeta i eventualni likovi na njima. Iznenađujuće je bilo saznanje da se ljudi prvo hvataju za onaj predmet na kome je ispisan neki smisaoni skup slova..."*

Ime Ifigenije Zagoričnik Simonović nije nepoznato poznavaocima poezije. *"Ona se bavi mestom žene u svetu. Nije to* ženska poezija. To je traganje, dalekosežno samoispitivanje sudbine žene", kaže Jovica Aćin, književnik i alhemičar.

„*Drugačiji kao što smo prema drugima / drug drugome ostanimo*, piše Ifigenija i kaže da je njen problem u relaciji prema bližnjima. „*Ako me vole, mrzim ih. Ne uviđaju kakvog sam raspoloženja. Večito utučena. Sposobna dovesti ljude u nepriliku. Razbojiti ih. Sposobna rascmizdriti dete samo jednim bezazlenim ništanamernim pogledom...*"

„Poetska građa istkana je od uspomena", piše Denis Poniž o Ifigenijinoj poetici. „*Značajna dubinska struktura te poezije je i osluškivanje onoga glasa u nutrini koji govori o našem opštem strahu koji se neprestano ponavlja zbog kosmosa, što preti da ponovo sklizne u haos: to nisu pesme koje bi prihvatile aktuelnu i prigodnu tematiku...čini se da je to teskobni sloj straha i intime, virtuelne (pristaše podele na 'mušku' i 'žensku' liriku rekli bi da se radi o tipičnoj 'ženskoj crti') zanesenosti, možda čak i oduševljenja, očaranosti svetom koji je čovekovim jedinim prostorom i sudbinom*".

„Usta kao pas glođu poljupce", piše Ifigenija, a ono mnogo važnije što ostaje, to je poezija koju sa neskrivenim zadovoljstvom predlažem za čitanje.

Tatjana Cvejin

o naslovu

Ovaj zapis je Ifigenija poslala, elektronskom poštom, uredniku na pitanje o naslovu.

Da razmislim o naslovu... *Anatomska odbrana*, može, ne sećam se da sam još neki spomenula. Ili *Do kraja krajeva*, to znači otprilike isto što i *anatomska odbrana*, kad guraš do kraja, šta god se desilo, nemaš izbora...
U stvari, pesma „Atomska odbrana" je iz vremena kad sam reagovala uglavnom na spoljašnje događaje. Imala sam dvadeset godina, možda ni toliko. Fascinirao me je, sećam se, apsurd odbrane atomskom bombom, budući da će posledice od atomske bombe, od takvog uništenja, osetiti ceo svet, pa tako i onaj ko bude upotrebio bombu. To je kao da mužu uništim kuću u kojoj i sama živim. Nemogućno je da, kad neka država raspolaže atomskom bombom kao navodnim sredstvom odbrane, to bude bez agresije. Apsurd takve odbrane jeste da je i sama odbrana agresivna, uništavajuća.
Kao mlada, nisam pisala iz sebe: bilo je neophodno da nekud idem, da nešto vidim i pročitam. Morala sam da mislim *o nečemu*. I tako sam *beležila*; pišući, nisam živela. Nisam znala još da, pored toga što slučajno postojim, što na svetu ima još šesto milijardi ljudi, moje sopstveno postojanje može biti za mene najveći događaj. Važno je da čineći nešto svet bude drukčije za mene i zbog mene, a ne da svet mene menja, baca u kompromise. Upravo ta odbrana, taj pokušaj da ostanem ono što jesam, mora se preduzimati u svakoj čestici, mora da polazi od svakog atoma i do svakog atoma, u celoj anatomiji, psihičkoj i fizičkoj... ne smem da promašim ni trenutak, da budem nepažljiva, želim li da ostanem nekorumpirana. Jasno, za mnoge stvari je već kasno, korumpirana sam 99%, ali sad moram da sačuvam taj preostali 1%, jer u njemu je sva suština onoga što jesam, moj identitet, i biće tako dok sam živa.
U novijim pesmama tragam za onim što me čini drukčijom od drugih, kao da opravdavam svoje postojanje. Ako nema ničeg posebnog u meni, nemam razloga da živim, nemam šta da čuvam. Bivam nevažna.
Pišem da bih izražavala, razmišljala, pamtila, osećala. I to je

dovoljno. Putem pisanja tragam za onim zbog čega valja da jesam. Tako branim svakim atom svoje ženske anatomije. To može izgledati prilično egoistično, kao da pretpostavljam da sam centar sveta. Centar sam, u stvari, samo svog najprivatnijeg, najintimnijeg sveta. Ako ne sačuvam taj svoj centar, neću više imati oko čega da se okrećem, biću samo ping-pong loptica kojom se drugi igraju. Taj moj svet, najintimniji, najprivatniji, jeste objekat moje poezije. Sve više i više. Pišem, tražeći unutrašnji mir, u želji da i čitaocu ukažem na to traženje kao na posebnu vrednost koju vredi slediti. Unutrašnji mir je u vezi s *ratom*. *Mir* je ratni izraz, baš kao što je i mržnja emocija, kao što je to i ljubav. Biti u miru sa sobom, paziti na sebe kao na naročitu baštu. U nju onda mogu da dolete ptice, gladne, da dođe prijatelj koji čezne za društvom... „Anatomska odbrana" je u vezi sa očuvanjem unutrašnjeg mira. Pisanje je manifestacija *sebe*. Moje pesme nisu uravnotežene, nisu pisane u miru, nisu nirvanske. Naprotiv, pišući, ne opisujem svoj mir, nisam ga još ni dosegla, i ne verujem da je moguć pre smrti. Samo se borim da ga postignem. Tako je pisanje akcija: odbacivanje pometnje, udarac nepokretnosti, odlaganje smrti i, dakle, samo-odbrana. Postoji strah, postoji griža, postoje optužbe, sve banalno, patetično, što nas vodi kraju. Ali, ja jedem, spavam, dišem, pišem... znači, *živim*. Ne kažem da je svet u svakom trenu u ratu sa mnom, da moram da se neprestano *branim*. Braniti se znači i zaštititi se, očuvati. Da se svako brani, svi bi bili očuvani i niko napadnut. A to bi bio već raj na zemlji. Nažalost, to nije moguće. Zato postoje pesme.

sadržaj

ne 5
sunce prividno sija 6
rečenica 8
zdravlje kineskog cara 9
crvova sobica 10
pazite! pazite! 11
bludnja 12
geografske i druge pesme 13
kad je papir beo 14
nedostaje mi nedostaje mi nedostaje mi 15
kidaj svitu 16
podaci podaci 17
po mom 18
nakon ljubavi 19
zid si 20
nešto sam uzela 21
Shiela Grog 22
ljubavna pesma 24
atomska odbrana 25
dan bez imena 26
u pristojnoj razdaljini zadržava se tamni oblak 27
pripada skrivenom omladinskom klubu 28
starost sveta 29
ležeća pokrajina zahuktali voz sedeće osobe 30
pod istim krovom 34
postupno rasterećenje 35
knjiga 37
hiljadudevetsto sada 38
dobar dan srećo ne znam ni sama 39
svečanost uz sećanje na bitku 40
poj zarobljene ptice 41
izdržim svašta 42

ptici dete u kavezu u kavez 43
ponekad mislim 44
drač i korenje 45
sanjam 46
ne moram moram ići 47
razlozi 48

o Ifigeniji i poeziji 49
o naslovu 53

Izdavačko preduzeće
RAD
Beograd, Dečanska 12

*

Glavni urednik
NOVICA TADIĆ

*

Priprema teksta
Grafički studio RAD

*

Za izdavača
SIMON SIMONOVIĆ

*

Štampa
Jovan, Beograd

CIP – Каталогизација у публикацији
Народна библиотека Србије, Београд

821.163.6-14

ЗАГОРИЧНИК Симоновић, Ифигенија

   Anatomska odbrana : izabrane pesme / Ifigenija Zagoričnik Simonović ; [izabrala i prevela Tatjana Cvejin]. – Beograd : Rad, 2002 (Beograd : Jovan). – 56 str. ; 21 cm.

Str. 49–51: O Ifigeniji i poeziji / Tatjana Cvejin. – O naslovu: str. 53–54.

ISBN 86-09-00778-2

COBISS-ID 97813260

www.ingramcontent.com/pod-product-compliance
Lightning Source LLC
LaVergne TN
LVHW021624080426
835510LV00019B/2757